IDÉES

SUR

L'ÉDUCATION DE LA RESPIRATION

DU JEUNE SOURD-MUET

A QUI L'ON VEUT APPRENDRE A PARLER

DESCRIPTION D'UN NOUVEAU SPIROMÈTRE

EXPÉRIENCES FAITES AU MOYEN DE CET APPAREIL

PAR

L. DANJOU

Professeur à l'Institution nationale des sourds-muets de Paris

PARIS

GEORGES CARRÉ, ÉDITEUR

3, RUE RACINE, 3

1893

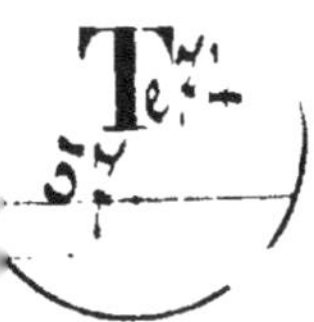

IDÉES

SUR

L'ÉDUCATION DE LA RESPIRATION

DU JEUNE SOURD-MUET

A QUI L'ON VEUT APPRENDRE A PARLER

Description d'un nouveau spiromètre

Expériences faites au moyen de cet appareil

PAR

L. DANJOU

Professeur à l'Institution nationale des sourds-muets de Paris

━━◆━━

PARIS

GEORGES CARRÉ, ÉDITEUR

3, rue Racine, 3

—

1893

IDÉES

SUR

L'ÉDUCATION DE LA RESPIRATION

DU JEUNE SOURD-MUET

A QUI L'ON VEUT APPRENDRE A PARLER

INTRODUCTION

Aujourd'hui la plupart des démutisateurs sont d'accord pour admettre qu'une éducation de la respiration du sourd-muet doit précéder et accompagner celle de ses organes vocaux. Dans un grand nombre d'écoles, les jeunes sourds sont exercés à une sorte de gymnastique respiratoire. A l'Institution nationale des sourds-muets de Paris, en particulier, les *exercices de respiration*, qui ont leur place dans les programmes d'enseignement, sont une des premières et des principales occupations des nouveaux élèves. Le professeur du cours normal d'articulation, M. Dubranle, en consacrant plusieurs séances à l'éducation de la respiration, montre ainsi la grande importance qu'il lui attribue.

En dirigeant, à l'Institution nationale de Paris, une classe d'articulation, nous avons pu approfondir quelques idées qui nous étaient venues au sujet de l'éducation de la respiration et que voici:

A

Tels qu'ils se pratiquent généralement, les exercices de respiration, dont la raison et l'expérience justifient l'emploi, ne préparent cependant que d'une manière indirecte le souffle à remplir son rôle phonateur. L'enfant ordinaire n'agit pas ainsi; dès le berceau il exerce sa respiration peu à peu, lentement mais sûrement, par le *seul usage* de la parole. A ce propos, il convient de se demander si une préparation analogue de la respiration du sourd-muet est possible et si elle présente de sérieux avantages.

B

Un moyen d'arriver à établir une série d'exercices rationnels de respiration est d'étudier *l'action du souffle* du sourd-muet *sur les diverses qualités* de sa parole, et cela autant que possible en faisant abstraction du rôle des autres agents phonateurs.

C

Une éducation ne se fait pas en un jour, des exercices longtemps répétés sont seuls capables de donner aux organes de la respiration du jeune sourd-muet ce qui leur manque: l'habileté et l'assurance dans les mouvements. Mais à l'école, une éducation ainsi comprise a des exigences spéciales, est assujettie à des conditions qu'il n'est pas toujours facile de réaliser:

1° Le maître n'a pas seulement à faire l'éducation de la respiration de ses élèves, il ne peut y consacrer qu'une partie du temps de la classe.

Comme il ne peut contrôler toutes les respirations à

la fois, il ne dépense réellement, avec chacun de ses dix enfants, que la dixième partie de son temps réservé à l'éducation de la respiration, c'est-à-dire un temps insignifiant. A cause de cela, les élèves doivent s'exercer en *dehors de sa surveillance directe.*

2° Les élèves ne s'intéressent pas longtemps à un même exercice, surtout si le maître n'est pas là pour les stimuler. Il est nécessaire de leur présenter des exercices *courts* et *variés.* Pour une autre raison, les exercices doivent être courts, c'est qu'il en est de fatigants qui ne sauraient être prolongés sans nuire à la santé des enfants. Enfin, par cela même qu'ils doivent être courts, les exercices doivent être nombreux, car un exercice déplairait aux élèves, s'il se renouvelait à des intervalles trop rapprochés.

3° Le professeur n'ayant que peu de temps pour contrôler la respiration de ses élèves, un instrument lui indiquant rapidement, et d'une façon suffisamment précise, la capacité respiratoire de chaque enfant lui est d'une réelle utilité. Il lui permet de comparer entre eux les divers volumes d'air que les poumons peuvent mettre en jeu à des époques différentes et de juger d'après cela des progrès de la respiration des élèves.

Les trois chapitres qui suivent sont, ainsi qu'on le verra, le développement des trois ordres d'idées A, B, C, que nous venons d'énumérer (1).

Septembre 1891.

---

(1) Sur l'éducation de la respiration du sourd-muet, sont à consulter : nombre d'articles dans les revues de l'enseignement des sourds-muets, quelques pages dans chacun des principaux traités d'articulation, et enfin de M. Leguay, professeur à l'Institution nationale de Paris, une thèse (1884) qui nous paraît rassembler d'une manière très complète les divers points de cette complexe question.

CHAPITRE I

L'USAGE DE LA PAROLE DÈS LE PLUS JEUNE AGE EST LE **meilleur** EXERCICE DE RESPIRATION (1). IL EST **possible** POUR LE SOURD-MUET.

C'est en essayant de parler que le jeune entendant fait l'éducation de sa respiration. Son interminable babillage n'est d'abord qu'une bien faible imitation de ce que sa mère ne cesse de lui répéter. Mais cette ébauche de parole se perfectionne tous les jours. Le souffle se modifie et les organes vocaux s'assouplissent au fur et à mesure des progrès du petit langage. Inconsciemment l'enfant arrive à bien parler, à bien respirer pour parler.

Le jeune sourd, au contraire, est resté muet jusqu'à son entrée à l'école spéciale. Là, pendant un mois ou deux de préparation, il exerce séparément les organes de la vue, du toucher, de la respiration, de la parole, qui devront fonctionner ensemble, puis il commence l'apprentissage de la parole. Ses organes vocaux sont encore trop peu disciplinés pour le travail qui leur est demandé. Les muscles de sa respiration, pour ne parler que de ceux-là, arrivent à produire les différentes sortes de souffle exigées par l'articulation, mais ils ne le font qu'avec effort et la voix se ressent de l'état de gêne dans lequel ils se trouvent. Il leur manque la souplesse qu'un travail longtemps prolongé peut seul leur faire acquérir et peut seul donner aux muscles de la respiration du jeune entendant.

Le sourd doit donc parler de très bonne heure, afin que

(1) Dans le présent travail, l'*exercice de respiration* est considéré à ce seul point de vue qu'il doit contribuer à faire acquérir une bonne parole au sourd-muet.

ses organes s'exercent et se fortifient par le travail, au lieu de s'engourdir ou de s'atrophier dans l'inaction.

La mère à qui l'on dira : « Parlez à votre enfant, parlez-lui sans cesse, il vous comprendra, il vous répondra, » soutenue par l'espérance que son fils parlera un jour comme tout le monde, mettra en jeu toutes les ressources maternelles pour qu'il lui voie remuer la bouche et tâche de l'imiter. À son tour, elle dira aux frères, aux sœurs, aux amis qui délaissaient cet enfant silencieux : « Voyez comme il me comprend, regardez ses petits yeux qui cherchent mes lèvres : si vous le vouliez, ils auraient vite pris le chemin des vôtres, et ses petites lèvres à lui, qui s'agitent déjà, auraient bientôt fait de vous répondre. »

En effet, si sourd qu'il soit, l'enfant ne serait pas long-temps sans essayer de reproduire les paroles mille fois répétées de sa mère et des personnes qui lui sont chères.

Presque tous les sourds-muets, au moment de leur entrée à l'école, savent dire *papa* ou *maman*. Après les adieux et le départ de leurs parents, au milieu des larmes, c'est à haute et intelligible voix qu'ils articulent l'un de ces noms ou même tous les deux. Pourquoi ne savent-ils pas dire autre chose ? — Parce que, le plus souvent, c'est tout ce que l'on a essayé de leur faire prononcer.

Ils ne sont pas si rares qu'on serait tenté de le croire, les exemples qui prouvent que, si l'on prend soin de parler aux sourds-muets dès le berceau et de ne jamais communiquer avec eux autrement que par la parole, ils arrivent, par l'imitation seule, sans le moindre secours étranger, à se créer un langage suffisant pour les communications ordinaires. Nous bornerons à citer les trois exemples suivants :

1. — On trouve dans le livre de l'abbé Deschamps (1): « L'évêque Burnet rapporte un exemple... dans la fille de « M. Goddy, ministre de Saint-Gervais, à Genève. Cette fille « devint sourde et muette à l'âge de deux ans. Depuis ce « temps, elle n'entendit plus que le grand bruit, mais rien

(1) Ouvrage bien connu des professeurs de sourds-muets.

« ce qu'on lui disait. Cependant, en observant le mouvement
« des lèvres de ceux qui lui parlaient, elle apprit un certain
« nombre de mots dont elle composa une espèce de jargon
« au moyen duquel elle pouvait converser avec ceux qu'une
« longue habitude mettait dans le cas d'entendre son langage. »

2. — Il existe actuellement (1891) à B..., près Paris, une
sourde-muette de naissance, âgée de trente ans environ,
complètement illettrée, qui, sans avoir jamais reçu de leçons
d'articulation, est parvenue à *parler* et à lire sur les lèvres
le langage ordinaire de la conversation.

3. — Des élèves complètement muets à leur arrivée à
l'Institution nationale ont pu communiquer avec nous pendant leur première année de séjour, au moyen de ce qu'ils
ont lu sur nos lèvres et qu'ils se sont tant bien que mal ap-
proprié. Nous comprenions sans peine leur informe langage.

Le petit sourd-muet qui aurait ainsi acquis la parole arti-
culerait mal, mais son langage serait intelligible au moins
pour sa mère et ses proches. Quelle autre personne que la
nourrice peut comprendre le jargon du bébé confié à ses soins?

Au maître d'articulation de compléter l'œuvre de la mère
et d'avoir raison des imperfections de la parole du jeune
sourd. Combien sa tâche serait facilitée avec un élève ainsi
préparé ! Quelle différence entre ce dernier et ses cama-
rades d'infortune, qui n'auraient encore ouvert la bouche
que pour boire et manger ! Tous les organes qui jouent un
rôle dans l'acte de la parole se seraient assouplis par
l'exercice et développés harmonieusement. La respiration
se serait asservie sans contrainte au joug de la phrase. Au
lieu de rester exclusivement nasale, elle serait devenue buccale, par le seul fait que l'enfant aurait parlé. Ce ne serait
plus la respiration chétive, précipitée, indocile, des sourds
abandonnés à eux-mêmes, mais une respiration puissante,
calme, soumise, capable de servir la parole, comparable à
celle de l'enfant ordinaire (1).

(1) Un moyen de ne pas laisser le sourd passer son enfance bouche close, dans
le cas où sa mère pauvre ne pourrait s'occuper de lui, c'est la création d'écoles

Les exercices spéciaux de respiration n'auraient pas pour cela perdu leur raison d'être. Comme ceux d'articulation, ils serviraient à hâter le perfectionnement du travail jusque-là naturel et inconscient des organes, à rectifier l'articulation d'une manière plus rapide et plus sûre.

CHAPITRE II

RAPPORTS DU SOUFFLE AVEC LES QUALITÉS D'UNE BONNE PAROLE. DIVERS EXERCICES DE RESPIRATION.

Qualités essentielles que doit posséder la parole du sourd-muet

La parole du sourd, pour qu'elle ne lui soit pas inutile, doit satisfaire à trois conditions:

1° Elle doit être supportable à l'oreille. On n'écoute pas cette parole et le sourd ne veut pas s'en servir, quand elle est composée de sons désagréables, étranges, qui choquent les oreilles les moins délicates.

2° Elle doit être intelligible pour tout le monde. Certains sourds-muets prononcent si mal qu'on ne peut les comprendre.

3° Elle doit être assez coulante pour suffire aux frais d'une conversation ordinaire. Trop souvent, cette parole est, par sa lenteur et sa difficulté, un obstacle à l'apprentissage de la langue par le jeune sourd-muet. Les efforts qu'elle réclame détournent l'attention de l'élève et, avant même d'avoir fini

maternelles de sourds-muets. Un certain nombre d'écoles de ce genre existent déjà en France et à l'Étranger. Il est à souhaiter que l'École normale d'instituteurs de sourds-muets de France, l'Institution nationale de Paris, ait bientôt son école maternelle, mine féconde d'études pour le pédagogue.

de parler, le pauvre infirme a déjà oublié ce qu'il voulait exprimer.

Cela revient à dire que le sourd-muet doit avoir : 1° la voix naturelle ; 2° l'articulation correcte : 3° le débit facile.

En vue d'obtenir ce triple résultat auquel est lié le succès de l'éducation tout entière, il est indispensable ainsi qu'on va le voir, que le maître d'articulation prépare, par une éducation toute particulière, la respiration du sourd-muet.

Action du souffle sur le naturel de la voix. — Exercices de respiration

1. — Parmi les sourds parlants, il en est qui sont loin de posséder une voix naturelle. Les défauts de cette voix les plus fréquents sont l'*excès de voix* et la *voix de fausset*. Dans l'excès de voix, les sons émis sont trop forts, dans la voix de fausset ils sont trop élevés. L'un et l'autre de ces défauts sont, en outre, caractérisés par un timbre désagréable, rauque ou criard.

Soit que l'on mette la main devant la bouche qui parle, soit que l'on prête l'oreille à la sortie du souffle, on constate facilement que toujours dans l'excès de voix, et souvent dans la voix de fausset, le souffle est plus vite épuisé que dans la voix ordinaire.

Un des moyens à employer pour essayer de corriger la voix de tête ou la voix trop forte sera donc d'habituer le sourd-muet à ménager son souffle dans l'émission des sons, ou, ce qui revient au même, à *régler à volonté la force d'expulsion ou pression* et aussi le *débit du souffle*.

2. — Si nous considérions la *voix faible* comme un défaut chez le sourd-muet (beaucoup de professeurs la considèrent ainsi), nous indiquerions, parmi les moyens de la corriger, les exercices destinés à augmenter et le *volume* et la *force* du souffle. Il est facile de remarquer, en effet, que le plus souvent le *défaut de voix* coïncide avec une faiblesse générale du corps, c'est-à-dire avec un souffle faible et peu nourri, nullement propre à communiquer d'amples et énergiques

vibrations à des organes déjà sans vigueur. Chaque fois que nous avons voulu obtenir un son *plein* et *fort*, nous avons eu soin de faire prendre à l'avance une bonne provision d'air au sourd-muet, et cela nous a réussi.

Augmenter le volume du souffle;
—   l'énergie du souffle.

Action du souffle sur la pureté de l'articulation. — Exercices de respiration

VOYELLES

1. — Il n'est pas rare de rencontrer des élèves qui prononcent le son *a* comme les Allemands prononcent la syllabe *ha*, en laissant perdre une certaine quantité de souffle, avant que les cordes vocales commencent à vibrer. Ces mêmes élèves laissent encore écouler leur souffle après l'émission du son. Ils ne savent ni *attaquer* ni *interrompre* les voyelles.

Dans l'attaque, comme dans l'interruption, la perte de souffle dénature la voyelle et en rend difficile la liaison avec les autres sons.

Interrompre le souffle

2. — S'il n'est pas facile à l'entendant parlant de *tenir* un son, cela est encore plus difficile au sourd parlant. Pendant l'émission d'un son, à mesure que l'air diminue dans les poumons, la pression sur les cordes vocales va s'affaiblissant. Si le sourd ne sait pas la maintenir constante par une action progressive des forces expiratrices, le son perd peu à peu de sa force et de son acuité, il s'éteint avec le souffle.

Régler la pression du souffle.

3. — Les voyelles sont souvent nasales chez le sourd-muet qui commence à articuler. Ayant l'habitude de respirer par

le nez, il ne sait pas changer, au besoin, la *direction* de son souffle afin d'éviter la production d'une résonance nasale.

Modifier la forme du conduit aérien

4. — Les sons nasaux *an*, *on*, *in*, *un* se bornent fréquemment, chez nos élèves, à un bourdonnement nasal. Tout le souffle sonore passe par le nez, parce que le sourd-muet relève la base de la langue et la presse contre le voile du palais, de manière à fermer complètement l'arrière-bouche et à empêcher, par conséquent, toute résonance buccale.

Modifier la forme du conduit aérien

CONSONNES

« Le souffle, c'est la consonne, » a dit un professeur de sourds-muets, voulant faire ressortir le rôle important que joue le souffle dans l'articulation de cet élément de la parole. Quand les consonnes sont mal prononcées, c'est en effet presque toujours à cause des imperfections du souffle.

1. — Les consonnes explosives muettes *p*, *t*, *k manquent d'énergie* quand le souffle n'est pas suffisamment comprimé dans la cavité buccale, avant de faire irruption au dehors. Elles *manquent de pureté* quand l'explosion du souffle ne se produit pas au *bon endroit* sur le parcours du tuyau vocal. Par exemple, *k* est défectueuse lorsque l'explosion du souffle a lieu soit à l'avant, soit à l'arrière de la cavité buccale.

Augmenter l'énergie du souffle
Modifier la forme du tuyau vocal

2. — Les explosives sonores *b*, *d*, *g* sont émises avec trop de force ou en fausset, quand l'élève, pour les articuler, emploie, la glotte se trouvant rétrécie, un souffle aussi fort que pour les explosives muettes.

Régler la pression du souffle

3. — Les consonnes continues *f*, *s*, *ch* manquent de pureté quand la direction du souffle n'est pas normale. Pour *f*, par

exemple, le souffle se dirige trop obliquement vers le haut ou vers le bas. Pour *s* et *ch* il sort de chaque côté de la bouche, au lieu de s'échapper par le centre de l'ouverture buccale.

Modifier la forme du canal aérien

4. — Il arrive quelquefois, pour les consonnes continues *v, z, j* que le sourd-muet, trop occupé de la vibration à produire, néglige le souffle qui sort insuffisamment. La consonne est dénaturée au point qu'il est difficile de la reconnaître à toute autre personne que le maître d'articulation.

Augmenter le volume du souffle

5. — Les consonnes continues *r, l, ill* sont parfois accompagnées d'un résonnement nasal. C'est que le souffle n'est pas ce qu'il devrait être: exclusivement buccal. Il nous a été donné d'entendre un *r* avec ronflement ; rien n'est plus désagréable. Un *l* avec bourdonnement nasal est presque méconnaissable.

Modifier la forme du canal aérien

6. — Il faut avoir la langue bien souple pour donner le *r* avec un souffle faible. Un entendant qui émet un *r* lingual quelque peu prolongé dépense beaucoup de souffle et s'épuise vite.

Le sourd-muet dont la langue commence à peine à sortir de sa longue inaction a besoin, pour l'articulation de l'*r*, d'un courant d'air encore plus fort. Aussi, c'est à un souffle énergique de la part des jeunes sourds-muets que font appel, pour l'articulation de l'*r*, les professeurs à qui il tarde de voir leurs élèves prononcer distinctement cette consonne (1).

Augmenter le volume du souffle
Augmenter l'énergie du souffle

7. — Dans l'articulation des consonnes *m, n, gn,* le souffle

---

(1) Sans négliger de fortifier la respiration, mieux vaut, plutôt que d'enseigner quand même le *r*, savoir attendre que la langue soit rendue plus souple par des exercices spéciaux et par l'articulation d'autres éléments de la parole. Un souffle trop violent produit un *r* dur, presque toujours trop élevé.

doit résonner dans les fosses nasales, mais non s'échapper abondamment par le nez. Il ne doit pas non plus s'écouler de cette manière avant ou après l'émission de la consonne nasale ; ce qui revient à dire que la consonne nasale (quelques-uns l'appellent la demi-voyelle) doit être bien *attaquée* et bien *interrompue*.

Régler la dépense du souffle. Interrompre le souffle

Rapports du souffle avec l'aisance dans le débit de la parole

Quand un sourd-muet parle avec lenteur et embarras, reprenant haleine après chaque mot, coupant en deux, par une inspiration, toute expression difficile ou un peu longue à articuler, c'est que l'éducation de sa respiration n'a pas été faite. Ce qui lui manque, c'est de pouvoir *s'approvisionner très vite* d'une *grande quantité* d'air, et *ménager* cet air *le plus possible*, ainsi que l'exigent la facilité et la rapidité du débit de la parole. Pour obtenir ce résultat, les exercices suivants sont nécessaires :

1° Exercices pour rendre l'inspiration à la fois rapide et profonde. Pour remplir ces deux conditions, l'inspiration doit être buccale. Il s'agit donc de rendre l'inspiration buccale, rapide, profonde, ou, en termes plus généraux :

Modifier la forme du canal aérien ;
Modifier le rythme respiratoire (1) ;
Augmenter le volume du souffle ;

2° Régler la distribution du souffle.

(1) Le rythme respiratoire est le nombre de mouvements respiratoires accomplis par minute. Il importe de ne pas le confondre avec le souffle rythmé dont nous parlons plus loin.

Qualités accessoires qui pourraient embellir la parole du sourd-muet (1). Rapports du souffle avec ces qualités.

Dans cette parole hachée du sourd qui s'arrête à chaque instant pour respirer, on ne saurait rencontrer ni la prosodie, ni l'accentuation, ni le rythme, ni le mouvement, ni la ponctuation qui animent la parole et en font le meilleur interprète de la pensée. Tous ces ornements de la parole demandent un souffle expérimenté.

Prosodie. — Il faut pouvoir *tenir* une syllabe longue et, par conséquent maintenir constante la *pression* du souffle tant que dure la voyelle de la syllabe.

Accentuation. — Pour observer l'accent tonique, ou faire ressortir les mots de valeur, il faut pouvoir régler à volonté la *pression* du souffle. A la fin du mot, il arrive fréquemment que le sourd-muet a épuisé sa provision d'air; c'est juste à ce moment qu'un surcroît d'énergie du souffle serait nécessaire pour faire ressortir la syllabe tonique. Les difficultés sont encore plus grandes lorsque, dans une période, il s'agit de donner au souffle une vigueur nouvelle pour prononcer fortement les mots à effet.

Rythme. — Toutes les phrases ont un rythme, même celles d'une conversation peu animée. Un souffle inhabile ne peut se plier aux exigences de la cadence. Il faut pour rythmer, un souffle discipliné qui se laisse distribuer au gré de la volonté. Celui du sourd-muet n'est généralement pas dans ce cas. Aussi sa parole est presque toujours *uniformément*

______

(1) On trouvera peut-être que nous demandons beaucoup. C'est qu'il y a sourds-muets et sourds-muets. Entre un enfant d'esprit borné, très sourd, dont les organes de la parole présentent des vices de conformation, et un demi-sourd intelligent, possédant des organes vocaux sains et bien conformés, la différence est grande sous le rapport de la possibilité d'acquisition d'une bonne parole. Avec le premier les *qualités essentielles* de la parole, énoncées plus haut, seront difficiles à obtenir. La parole du second acquerra les *qualités accessoires* d'autant plus facilement que l'enfant sera moins sourd, que ses organes vocaux seront mieux conformés et qu'il sera plus intelligent.

débitée. Il est utile d'exercer le jeune sourd-muet à *rythmer son souffle* pour le préparer à rythmer sa parole. Pour rythmer le souffle il doit en savoir régler le *débit* et la *pression*.

Mouvement. — La distribution de l'air ne peut être la même pour une période dite avec force et avec précipitation que pour un passage récité doucement et avec lenteur. Si l'élève ne sait pas presser ou ralentir comme il le veut le *débit* de son souffle, on ne peut guère songer à lui demander d'observer le *mouvement* dans la parole ordinaire, dans la lecture ou dans la récitation.

Ponctuation. — Des inspirations à la fois *rapides* et *profondes*, des expirations habilement *ménagées* sont nécessaires pour observer la ponctuation orale.

TABLEAU DES DIFFÉRENTS EXERCICES DE RESPIRATION

D'après ce qui précède, les *qualités essentielles* et les *qualités accessoires* de la parole demandent les mêmes exercices de respiration. Ceux-ci peuvent se résumer en un petit nombre d'*exercices-types*. Ils se trouvent groupés dans le tableau ci-dessous :

Les exercices de respiration doivent amener le sourd-muet, par l'effet de l'habitude, à pouvoir, avec le minimum de fatigue des organes :

1° Mettre en jeu le plus grand volume d'air possible ;

2° Donner à son souffle la plus grande énergie possible ;

3° Modifier son rythme respiratoire ;

4° Régler la pression de son souffle ;

5° Régler le débit de son souffle ;

6° Interrompre son souffle ;

7° Modifier la forme du canal aérien.

Ces exercices sont tout théoriques ; il est certain, par exemple, qu'un exercice dont l'effet est d'augmenter le *volume* du souffle a aussi pour résultat d'en accroître l'*énergie*. Suivant que l'on a en vue le volume ou l'énergie, le même exercice pratique prend l'une ou l'autre des deux premières dénominations du tableau ci-dessus.

CHAPITRE III

EXERCICES PRATIQUES

Les exercices pratiques se font dans la classe ou hors de la classe.

Exercices hors de la classe

Nous dirons peu de chose de ces exercices, qu'il n'appartient pas ordinairement au professeur de faire exécuter.

La gymnastique, la marche, la course, sont généralement recommandées pour le développement des poumons. Il est à peine besoin de dire que les promenades du jeudi et du dimanche, hors de la ville, sont particulièrement salutaires, que les jeux de *barres* et de *chat*, qui obligent l'enfant à courir, sont à encourager. Le jeu de balle a cet avantage qu'il exige un *effort* au moment où l'élève va lancer la balle, et dispose ainsi naturellement l'enfant à interrompre son souffle.

La course progressive est avantageuse, en ce qu'elle développe les poumons et modifie le rythme respiratoire. Nous n'avons pu, à cause des rigueurs de l'hiver, soumettre à leur arrivée nos nouveaux élèves à un entraînement suivi. Les beaux jours arrivés, nous avons fait faire à ces enfants de nombreuses courses d'une minute au début et dont la durée n'a jamais excédé cinq minutes. Avant chaque course, nous avons eu soin de recommander aux enfants de respirer le plus profondément et le moins souvent possible. Nous n'avons malheureusement pas eu le loisir de nous rendre compte des résultats, mais nous sommes persuadé que ces courses ont contribué, pour une bonne part, aux progrès de la respiration constatés à d'autres instants chez nos élèves.

Exercices dans la classe

Nous les divisons en exercices sans matériel et exercices avec matériel.

Exercices sans matériel

Ceux que nous avons fait exécuter sont réunis dans le tableau ci-dessous ; ils répondent aux sept buts énumérés plus haut et indiqués ici en abrégé par les lettres suivantes : V (volume) E (énergie), P (pression), R (rythme), D (débit), I (interruption), F (forme), dont la signification est facile à retenir.

V — Inspirations buccale, profonde et brève.

E — Expirations buccale, forte.

P — Souffle chaud et souffle froid. Souffle fort et souffle faible, avec grande, ou avec petite, ou avec moyenne ouverture de la bouche.

R — Respiration lente.

D — Expirations buccale, lente, brève, rythmée.

I — Expiration buccale, interrompue une et plusieurs fois par : 1° les lèvres de la glotte (1) 2° le voile du palais et la langue 3° la langue seule 4° les lèvres.

F — Expiration nasale ; expiration buccale : explosion, sifflement, chuintement ; parole chuchotée.

Ces exercices sont groupés par ordre de difficultés ; les premiers, VEPRD, ont été exigés des sourds-muets dès leur arrivée à l'Institution ; pour les derniers, IF, nous avons attendu que les organes fussent un peu assouplis et que l'enfant sût quelque peu observer, imiter. Ces derniers (IF) sont d'ailleurs de véritables exercices d'articulation ; la respiration et l'articulation sont si intimement liées qu'on peut presque toujours dire d'un exercice de respiration : c'est aussi un exercice d'articulation.

Toute la série VEPRDIF a été exécutée pendant l'année

(1) Cette manière d'interrompre le souffle, la seule qui permette d'attaquer et interrompre convenablement les voyelles et les demi-voyelles n'est pas toujours facile à obtenir. Chez quelques-uns de nos élèves, l'occlusion se produisait, malgré eux, au moyen du voile du palais légèrement abaissé et de la base de la langue très surélevée. Dès que la langue s'abaissait, le souffle s'échappait avec bruit. Ce n'est qu'après de longs essais que nos élèves réussirent à suspendre leur souffle, la cavité buccale restant largement ouverte aux deux extrémités. Alors, mais seulement alors, ils surent attaquer et interrompre les voyelles.

d'articulation. Il est, pensons-nous, utile d'y revenir de temps en temps dans le courant des années suivantes, afin que la respiration des enfants se trouve toujours dans de bonnes conditions pour la parole.

Ces exercices n'intéressent pas beaucoup l'enfant. Le maître, avons-nous dit, n'a que très peu de temps à disposer pour les faire exécuter, c'est pourquoi à l'école de sourds-muets ils sont toujours insuffisants.

Pour enseigner un exercice, nous l'avons d'abord exécuté devant l'élève. Nous avons fait sentir à l'enfant, par le toucher, les mouvements du thorax, la direction et la température du souffle. Les exercices avec le matériel, et particulièrement avec le spiromètre, lui avaient d'ailleurs révélé le jeu de ses poumons mieux que ne pouvaient le faire toutes nos explications.

Exercices avec matériel

Nous en donnons une liste très longue, que l'on ne s'en effraye pas. Nous voulons montrer par là que des exercices variés ne sont pas difficiles à trouver, et qu'avec un peu de bonne volonté on peut les multiplier indéfiniment, de manière à intéresser sans peine et longtemps ceux à qui on les fait exécuter.

Les exercices sans matériel étant insuffisants, des exercices auxquels les enfants peuvent s'adonner à tout moment, aussi longtemps qu'ils le veulent, c'est-à-dire les exercices *avec matériel*, sont indispensables pour une éducation de la respiration vraiment digne de ce nom.

La valeur d'un exercice se mesure en grande partie à l'accueil que lui fait l'élève et au temps qu'il veut bien lui consacrer. Tel exercice par lui-même d'une réelle importance, ne rend parfois que très peu de services parce que l'élève ne s'y attache pas.

Quelques-uns de ces nombreux exercices sont connus de tous les instituteurs de sourds-muets ; ce sont en quelque sorte les *exercices classiques* de respiration. Nous les avons empruntés au cours normal d'articulation de M. Dubranle. Les autres ont été créés par nous. Ce ne sont pas les seuls

que l'on puisse inventer. Il est bon que chaque maître en
forge de sa propre initiative, suivant les goûts de ses élèves.
Ceux-ci à leur tour, cherchant à tout propos à dilater leurs
poumons, en découvriront eux-mêmes de nouveaux.

Le matériel est très varié, mais, spiromètre à part, il
n'exige pour ainsi dire aucuns frais.

Pour simplifier l'énumération des exercices nous avons
établi autant de séries que le matériel comprend d'objets ou
groupes d'objets, et dans chaque série, par une ou plusieurs
des lettres V, E, P, R, D, I, F, nous avons indiqué le ou les
buts des divers exercices.

BOUGIES

Matériel. — 2 bougies.

Exercices :

VEF
1. Eteindre, en soufflant dessus, une bougie d'abord placée hors de la portée du souffle et que l'on rapproche graduellement.
2. Même exercice sous une autre forme : l'élève se rapproche, la bougie reste en place.
3. Les élèves essayent à tour de rôle d'éteindre la bougie placée à une distance fixe, ils soufflent un certain nombre de fois, le même pour tous les élèves. (Souffler plus de trois fois fatiguerait les enfants.)

RPD
4. Souffler sur une bougie le plus *longtemps* possible sans l'éteindre.
5. Rallumer avec le souffle une des bougies en dirigeant sur sa mèche la flamme de l'autre bougie.

Après chacun de ces exercices il y a classement des élèves, c'est un
moyen d'exciter leur émulation.

BILLES

Matériel. — Des billes de diverses grosseurs, des tables de classe à
rainures, deux règles très longues disposées parallèlement sur une table
et légèrement espacées, une règle de bois à rainure, de $2^m,50$ à 3 mètres

de longueur, graduée en centimètres, un tuyau de caoutchouc et un tube de verre recourbé de diamètres un peu inférieurs à celui de la bille.

Exercices : Le long des rainures.

VEF

1. La bille étant placée à un bout de la rainure, la conduire à l'autre bout en soufflant dessus ; le nombre de souffles n'est pas limité — pour les commençants.
2. Conduire également la bille d'une extrémité à l'autre de la rainure en soufflant le moins de fois possible.
3. Faire rouler la bille le plus loin possible d'un seul souffle.
4. Billes de plus en plus grosses.
5. Plusieurs billes à la fois.
6. Rainure inclinée.

PD

7. Faire parcourir à la bille une longueur de chemin indiquée à l'avance.

Exercice PD : Quand la bille s'arrête 10 fois sur 10 dans l'intervalle compris entre le dixième centimètre en avant, et le dixième en arrière du but indiqué, on peut dire que le souffle est bien exercé.

Exercices : Avec le tuyau de caoutchouc, le tube de verre.

PD

1. Faire sautiller, sans la faire tomber, une bille posée sur l'une des extrémités du tuyau, en soufflant par l'autre extrémité.
2. Même exercice, avec le tube de verre.

FLOCONS DE DUVET

Matériel. — Quelques flocons de duvet qu'après chaque exercice l'élève place soigneusement au fond de sa case, dans une enveloppe de papier.

Exercices :

VEF

1. Faire voler le duvet très haut, le laisser retomber à portée de la bouche et, d'un seul souffle, le renvoyer au plafond.
2. Faire le tour de la classe en chassant le duvet devant soi, ou conduire doucement le duvet au-dessus d'un bec de gaz ou d'une lampe et le laisser retomber à l'intérieur du verre.

PORTE-PLUME, CRAYON

Exercice :

VEF { 1. Faire rouler, avec le souffle, le crayon jusqu'au haut du pupitre, le laisser retomber, puis l'arrêter net d'un souffle et le remonter vite ou lentement.

Que d'écoliers entendants exercent ainsi leur respiration !

MOUCHOIR

Exercice :

F — 1. Se moucher.

Les nouveaux élèves ne savent pas tous se moucher. Leur apprendre à bien exécuter cet acte de propreté a son importance parce que l'obstruction du nez prédispose à la voix nasale. Les premiers mois d'instruction étant des mois d'hiver et les rhumes de cerveau assez fréquents par conséquent, il importe avant de commencer un exercice d'articulation de s'assurer du parfait état de propreté du nez de l'élève. Nous avons rencontré deux enfants chez lesquels il nous a été impossible, par n'importe quel temps, de débarrasser complètement le nez de ses mucosités.

GARGARISME

IRPD — 1. Se gargariser avec de l'eau.

Cet exercice sert à l'éducation du voile du palais, de la luette surtout.

SIFFLETS

Matériel. — Divers sifflets, clefs forées, dés à coudre, flûte, cornet à piston ou autre instrument de cuivre, mirliton.

Exercice :

EPDF — 1. Tirer des sons de ces divers instruments.

Ces exercices intéressent surtout les sourds qui ont encore assez d'ouïe pour entendre le sifflet. Le mirliton plaît à ceux qui réussissent à le faire vibrer; les autres l'abandonnent très vite.

MOULINS DE PAPIER

Matériel. — Petits moulins, jouets que les enfants se fabriquent eux-mêmes avec du papier un peu fort, de petits bâtonnets, des épingles.

Exercice :

VE { Souffler lentement sur les ailes du petit moulin pour les faire tourner le plus longtemps possible.

Il est important que tout le papier avec lequel les élèves font des moulinets ne soit pas d'une seule couleur : tel enfant qui délaisse son jouet prend plaisir à souffler sur un autre de couleur différente.

OBJETS DIVERS SUR LA TABLE

Matériel. — Morceaux de craie, bûchettes, petites quilles, petits soldats, dominos, toutes sortes d'objets dressés sur la table et susceptibles d'être renversés par le souffle.

Exercice :

VE — Faire tomber avec le souffle, ces objets placés à des distances de plus en plus grandes.

Pour l'élève, l'exercice est nouveau chaque fois que l'objet est changé.

PETITS TUBES ET MORCEAUX DE PAPIER

Matériel. — Tuyaux de plume, petits tubes de verre, de bois, de fer blanc, légers morceaux de papiers rassemblés devant l'élève.

Exercice :

PD — Faire sautiller, en soufflant par un des petits tubes, les morceaux de papier, sans les faire tomber sur le plancher.

OBJETS SUSPENDUS

Matériel. — Balle Froebel, balle à paume, balle en papier, et autres corps légers; du fil pour les suspendre au plafond.

Exercices :

VEF
1. Faire balancer un de ces objets au moyen du souffle.
2. Les éloigner à une distance donnée, avec le moins de souffle possible.
3. Les faire balancer dans une direction donnée, de manière à leur faire toucher un but.

CARRÉS DE CARTON OU DE MÉTAL

Exercice :

VEF — Un de ces carrés étant tenu, par 2 angles opposés, entre le pouce et l'index, le faire tourner rapidement en soufflant dessus.

BALLONS ET VESSIES

Matériel. — Ballons de baudruche, ballons de caoutchouc, vessie de porc, vessie de bœuf.

Exercice :

VE
1. Gonfler un ballon le plus possible.
2. Gonfler une vessie avec le moins d'expirations possible.
3. Des poids ou objets lourds étant placés sur une vessie dégonflée posée sur une table, les soulever en soufflant dans la vessie.

VITRES ET GLACES

Exercice :

PD
Couvrir de buée une vitre ou une glace en soufflant doucement dessus.

FONTAINES DE COMPRESSION

Matériel. — 1. Une carafe presque pleine d'eau, fermée avec un bouchon traversé par 2 tubes de verre. L'un des tubes est effilé par un bout et plongé dans l'eau de la carafe par l'autre bout. Le second tube ne s'enfonce pas dans l'eau, la partie de ce tube qui sort de la carafe est légèrement coudée pour permettre de porter facilement la bouche à son extrémité.

2. Le tube effilé est remplacé par un long tube de verre de 2 à 3 mètres de hauteur, gradué en centimètres.

Exercice :

VE
1. Faire jaillir l'eau le plus haut possible dans le tube effilé en soufflant dans la carafe par l'autre tube.
2. Souffler dans le petit tube afin de faire monter l'eau dans le grand.
3. Aspirer par le grand tube pour y faire monter l'eau le plus haut possible.

On varie les exercices en adaptant l'embouchure du spiromètre au tube par lequel l'élève doit souffler.

Les exercices 2 et 3 servent aussi à mesurer la force du souffle, ils sont fatigants, les élèves ne les répètent pas plus de 3 fois de suite.

Lutte respiratoire

Matériel. — Deux carafes contenant de l'eau à un même niveau, au milieu de leur hauteur, et reliées par un tube de verre recourbé en U, plongeant profondément dans toutes deux ; deux autres tubes, chacun dans une carafe, dépassant à peine le bouchon à l'intérieur, et au dehors se recourbant de manière à permettre d'y porter la bouche.

Exercices :

RVD
1. Deux élèves aspirent chacun par un tube ; le plus fort réussit à vider peu à peu la carafe de son camarade.
2. Au lieu d'aspirer, ils soufflent chacun de leur côté.
3. Un élève emplit ou vide les carafes en aspirant ou en soufflant.

Métronome et Pendule

Matériel. — Un métronome ou un fil à plomb suspendu au plafond et servant de pendule.

Exercice :

R
VD
Le métronome, ou le pendule battant la seconde, respirer en 4 temps, toujours par la bouche.
Inspirer pendant le 1er temps.
Expirer pendant les 3 autres.

Les élèves vont à tour de rôle exécuter l'exercice devant le métronome. Cet exercice leur plaît beaucoup et bien rarement l'instrument est au repos. Fréquemment répété cet exercice modifie peu à peu les mouvements de la respiration, rend l'inspiration plus brève et ralentit l'expiration, ce qui est très avantageux, ainsi qu'on l'a vu, pour l'émission d'une parole rapide. Il modifie le rythme respiratoire en tendant à le réduire à 15 mouvements par minute.

Souffle rythmé

Pour indiquer le rythme, nous empruntons quelques signes de durée à la notation musicale. Nous indiquo s exercices au tableau noir, tous les élèves peuvent les répéter seuls ou sous la direction des plus avancés.

Ces exercices, faits d'abord avec le souffle seul, sont ensuite exécutés avec une syllabe chuchotée, puis avec cette syllabe articulée sur le ton ordinaire de la voix. Viennent enfin des exercices suivant le rythme des phrases les plus usuelles.

BULLES DE SAVON

Matériel. — Un vase contenant de l'eau de savon, des tuyaux de paille.

Exercices :

PDR

1. Bulles à l'extrémité du fétu.
2. Bulles entre le pouce et l'index et dans la paume de la main.
3. Maintenir en l'air les bulles détachées du tuyau de paille ou de la main et les diriger vers un but.

L'exercice le plus captivant pour nos élèves était de faire passer ces bulles au dehors par le vasistas ouvert; leurs exclamations joyeuses duraient tout le temps que le léger ballon se balançait de l'autre côté de la fenêtre.

PETITES POINTES

Matériel. — Trois petites pointes à tête plate leur permettant de se tenir debout sur la table.

Exercice :

PDF

Les 3 pointes étant dressées à peu de distance l'une de l'autre sur la table, faire tomber avec le souffle celle du milieu seulement.

PINCE NEZ ET BOULES DE PAPIER

Matériel. — Un pince nez spécial ou, à son défaut, des pinces de blanchisseuse, des boules de papier.

Exercice :

F

Respiration *buccale*, le pince nez étant en place, ou les boules de papier étant introduites dans les narines.

Nous avons employé les pinces de blanchisseuse et les boules de papier. Nous préférons les premières qui ferment mieux le nez et ne tombent pas à chaque instant. Les unes et les autres tendent à déformer les narines en les comprimant on en les dilatant. Les pince nez sont de beaucoup préférables. Nous nous sommes servi de pinces de blanchisseuse pour fermer le nez pendant les mesures spirométriques.

Spiromètre

N'ayant pas de spiromètre à notre disposition, nous avons

entrepris divers essais qui ont abouti à l'invention du spiromètre dont nous allons donner la description.

L'instrument (voir la gravure) est ainsi composé : une
cloche de verre B, d'environ 10 litres et portant une graduation, est renversée sur une bassine A, en tôle galvanisée ou
nickelée mat, contenant de l'eau. Un support I, en fer forgé,
soutient la cloche. Deux tubes en verre, l'un inspirateur DD'
l'autre expirateur CC', s'ouvrent dans l'air extérieur par une

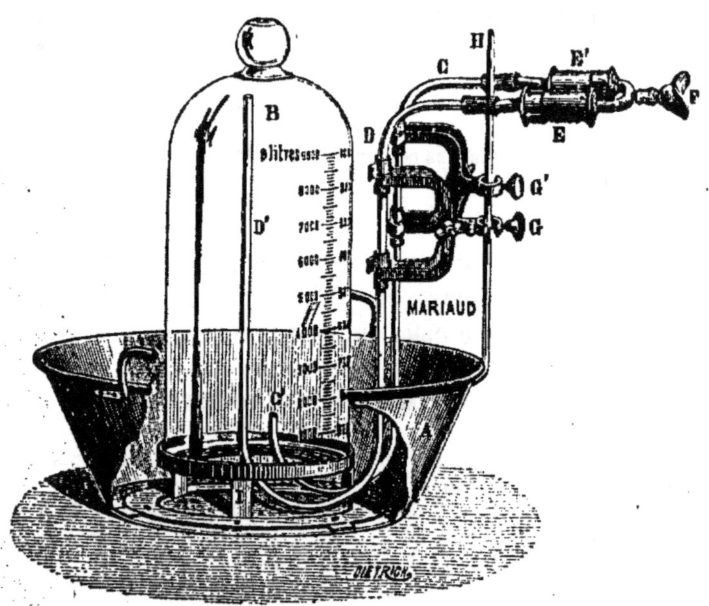

extrémité, dans la cloche par l'autre extrémité, DD' en haut,
CC' en bas de la cloche. Ces deux tubes sont soutenus par
les pinces GG' fixées elles-mêmes à la tige H sondée à la
bassine.

Voici comment on fait fonctionner l'appareil. Supposons
que l'eau versée dans la bassine arrive à la division 2,000
(2 litres). On aspire par le tube D, l'air aspiré est remplacé
par une certaine quantité d'eau qui parvient par exemple à la
division 5,000 (5 litres). Il a été inspiré environ 5 l. — 2 l.
= 3 litres d'air.

La mesure de l'air expiré est aussi simple. Supposons l'eau parvenue à la division 9,000 (9 litres). On fait une expiration dans l'appareil, l'eau descend par exemple à 6,000 (6 litres). L'expiration a été d'environ 9 l. — 6 l. = 3 litres d'air.

Pour établir la graduation, nous avons introduit, litre par litre dans une première opération, décilitre par décilitre dans une seconde, sous la cloche préalablement remplie d'eau, de l'air à la pression 76 centimètres et nous avons marqué sur le verre les niveaux successifs. Chaque petite division de l'échelle représente donc un décilitre d'air pris à la pression atmosphérique.

Dans le pourtour de la cloche sont gravés trois traits par lesquels doit passer le plan formé par la surface de l'eau. Chaque fois que l'on veut prendre des mesures spirométriques, on a soin de vérifier si le spiromètre remplit cette condition.

A chacun des tubes s'adapte un petit tuyau de caoutchouc. Par un simple pincement du tuyau on ferme le tube DD' par lequel l'air rentrerait, entre deux inspirations, ou pendant et entre les expirations.

Le tube DD' peut aussi servir à la fois pour l'inspiration et pour l'expiration. C'est la langue qui sert alors à le fermer après chaque inspiration ou expiration, pour empêcher la rentrée de l'air extérieur.

Un respirateur automatique EE' à soupapes, terminé par une embouchure F, s'ajoute à volonté à l'appareil ; il sert à la fois pour l'inspiration et l'expiration et ferme automatiquement les tubes après chaque mouvement respiratoire. L'embouchure s'adapte indifféremment au respirateur ou à l'un ou l'autre des tubes. On peut, par conséquent, se servir de l'appareil avec ou sans respirateur, avec ou sans embouchoir.

Le respirateur et l'embouchure étant en cuivre nickelé poli se nettoyant facilement, chaque élève ayant un tuyau de caoutchouc pour lui seul, enfin l'eau étant légèrement phéniquée, il n'y a nul danger de contagion de maladies par les lèvres. L'air de la cloche se renouvelle en soulevant cette cloche et en l'agitant.

Les élèves apprennent en peu de temps à monter, à démonter, à faire fonctionner l'appareil avec la plus grande facilité. Le maître n'intervient que lorsqu'il veut noter les indications de l'instrument, c'est-à-dire au plus une fois par semaine.

L'instrument que nous venons de décrire, bien que ne renfermant pas d'organisme délicat, ni de pièces d'un prix élevé, n'est peut-être pas à la portée de toutes les bourses. Il est facile à tout professeur de sourds-muets de se construire à peu de frais un spiromètre permettant de faire une partie des exercices possibles avec le nôtre et donnant des comparaisons suffisamment exactes. Un grand bocal, un baquet, deux ou trois cales, deux tuyaux de caoutchouc, ou même un seul tuyau constituent les matériaux nécessaires. Le tuyau de caoutchouc est soutenu dans le bocal par une petite baguette à laquelle on le fixe. On gradue soi-même le bocal par des traits à la lime.

Exercices qui peuvent être faits avec ce spiromètre

Dans le courant de l'année d'articulation, bien rarement l'instrument est resté en repos. La facilité avec laquelle nos élèves peuvent s'en servir permet, en effet, de l'utiliser pour les exercices de la classe. Voici les divers exercices que nos élèves ont exécutés.

VEPRDIF

1. Faire monter l'eau de la cloche jusqu'au degré 9000 de la graduation.
2. Faire descendre l'eau de 9000 à 2000.
3. Respirer plusieurs fois avec force par le tube DD.
4. Faire entrer, bulle par bulle, l'air dans la cloche, au moyen du tube CC'.
5. Expirer en sifflant, en chuintant (avec l'embouchure).

Observations spirométriques

Les deux tableaux qui suivent résument les observations que nous avons faites au moyen du spiromètre : les mesures que nous avons prises portent toutes sur la respiration forcée moins variable que la respiration ordinaire, et sur des mouvements respiratoires assez lents, afin de mettre l'eau en mouvement, avec le moins possible de compression de l'air et de résistance du liquide.

Observations faites sur des *sourds-muets*
(INSTITUTION NATIONALE DE PARIS)

ÉLÈVES	AGE au 1er novembre 1890	APRÈS 1 MOIS D'EXERCICE		AP. 4 MOIS 1/2 D'EXERCICE		APRÈS 8 MOIS D'EXERCICE		ACCROISSEMENT EN 8 MOIS		Accroissement de la taille dans le même temps	REMARQUE
		Inspiration	Expiration	Inspiration	Expiration	Inspiration	Expiration	Inspiration	Expiration		
	ans	déclitr.	déclitr.	déc.	déclitr.	déclitr.	déclitr.	déclitr.	déclitr.	millim	
P***	9	7 1/2	9	13	14 1/2	14 1/2	14 1/2	7	5 1/2	29	
D***	9	8	9 1/2	11	12	11 1/2	13 1/2	3 1/2	4	29	
R***	9	6	7	10	11	12	11	6	7	31	
C***	9	7	8	9	10 1/2	13 1/2	15 1/2	6 1/2	7 1/2	20	
Pi***	9 1/2	9	10 1/2	13	14 1/2	14 1/2	15	5 1/2	4 1/2	23	
Cam*	10	7 1/2	8 1/3	10	11 1/2	10 1/2	12	3	3 1/2	24	Pneumonie dans le courant de l'année scolaire.
Cr***	10	7 1/2	8 /1/3	12	13 1/2	14 1/2	15	7	6 1/2	47	
F***	11	10	10 /1/2	18	19 1/2	19	21	9	10 1/2	49	

Observations faites sur des *enfants ordinaires*
(ÉCOLE DE LA RUE DE L'ARBALÈTE)

NUMÉRO D'ORDRE	AGE	MOYENNE DE 4 INSPIRATIONS	MOYENNE DE 4 EXPIRATIONS	REMARQUE
	ans	décilitres	décilitres	
1	8	8	9	Les enfants voyaient l'instrument pour la première fois.
2	8	11	11	
3	9	13	15	
4	9 1/2	11	11	
5	10	10	11	
6	10	12	15	
7	11	12 1/2	15	
8	11	13	15	

De l'inspection de ces deux tableaux il ressort clairement :

1° Que les poumons des sourds non démutisés ne peuvent mettre en jeu autant d'air que ceux des enfants ordinaires de leur âge;

2° Que l'éducation spéciale a pour effet d'accroître la capacité respiratoire du sourd de manière à la rendre au moins égale à celle de l'entendant.

CONCLUSIONS

De la première des constatations ci-dessus on peut tirer les conclusions suivantes :

1° La parole, qui développe les poumons et exerce la respiration, doit être donnée au sourd-muet *d'aussi bonne heure* qu'à l'enfant ordinaire ;

2° Le sourd-muet qui, à l'âge de neuf ou dix ans, n'a pas encore appris à parler, a besoin d'une *éducation spéciale* de la respiration.

Nous aurons résumé et terminé notre travail si à ces deux conclusions nous ajoutons ceci :

3° Les exercices de l'éducation spéciale de la respiration doivent être une *distraction* plutôt qu'une tâche, ils doivent préparer *rationnellement* le souffle à la production d'une bonne parole articulée.

Puissent ces lignes :

Servir la cause des sourds-muets en bas âge, des pauvres surtout, qui devraient être recueillis dans des *écoles maternelles de sourds-muets;*

Porter les instituteurs de sourds-muets à étudier avec soin les *rapports du souffle et de la parole*, si utiles à connaître pour l'enseignement de l'articulation.

Tours, imp. Deslis Frères, rue Gambetta, 6.